COUP D'OEIL RAPIDE

SUR

LES ACTES LES PLUS IMPORTANS

DE

L'ADMINISTRATION DÉPARTEMENTALE

DES

BOUCHES-DU-RHONE,

En matière de législation et haute police d'émigrés, aux années 4, 6 et 7 de l'ancienne ère républicaine.

Celui qui sème des bienfaits doit s'attendre à recueillir des ingratitudes.

LÉGISLATION ANTÉRIEURE AU 18 FRUCTIDOR AN 5.

Émigrés inscrits sur la liste générale, avant le 31 mai 1793.

Les administrations des districts furent supprimées par l'acte constitutionnel de l'an 3, qui mit un terme au gouvernement révolutionnaire. Celle d'Aix avait, dans l'intervalle qui sépare le 9 thermidor an 2 du jour de la cessation de ses fonctions, reçu et consigné, dans un registre particulier, les réclamations d'un grand nombre d'émigrés, contre l'insertion de leurs noms sur la liste générale. L'inspection de ce registre donna la triste certitude qu'aucune de ces réclamations n'avait été faite dans un délai utile ; il était donc interdit à l'administration centrale, quoique favorable d'ailleurs à cette classe d'émigrés, d'examiner le mérite de leurs demandes, parce qu'une fin de non recevoir insurmontable, fondée sur la production tardive des certificats de résidence, arrêtait toute délibération ultérieure : en effet, l'obligation de préciser l'époque de la présentation des certificats (fait qu'il était aussi impossible de céler que de dénaturer) imposait nécessairement celle de les rejeter. Une difficulté aussi majeure, et qu'il n'était pas même permis d'espérer de vaincre, sans violer ouvertement les lois sur la matière, arrêta sans doute l'administration qui nous avait précédé, puisque, malgré tant de gages sanglans qu'elle ne cessait de prodiguer à la cause contre-révolutionnaire, qu'elle n'avait pas, au reste, toujours servie avec autant de chaleur, elle ne pouvait se déterminer à rompre entièrement avec la révolution : vérité qu'il était impossible de méconnaître, alors qu'on comptait parmi les membres de cette administration les premiers promoteurs des principes révolutionnaires qu'ils n'ont cessé de professer qu'à l'instant où une trop grande, mais inévitable extension des droits politiques sous un régime démocratique, ouvrant la porte à tous les talens comme à toutes les ambitions, parut compromettre leurs intérêts personnels, contrarier leur ridicule et délirante prétention à remplacer exclusivement les anciens privilégiés. Quelques avocats sans cause, quelques bourgeois aussi sots qu'orgueilleux, trois ou quatre méchans hobereaux, composaient cette coterie royaliste ou républicaine, au gré des circonstances, toujours au mieux de ses intérêts, et que M. le président de L** appelait si plaisamment la faction de l'Ecritoire. Cette coterie, qui, en 1791 et 1792, avait donné des preuves si évidentes, non peut-être, jusqu'à un certain point, de son incapacité à remplir les premières fonctions publiques, mais de sa criminelle faiblesse à tolérer les premiers excès de la révolution, imposa constamment des lois à une administration qui lui fut toujours redevable de son élévation; elle redouta, cette administration, le sacrifice des lois révolutionnaires qui, seules, l'avaient appelée au pouvoir; elle se retrancha sur le respect forcé, disait-elle, qu'elle leur devait, et légua à des successeurs, qu'elle ne prévoyait pas assurément recevoir aussi prochainement, un grand acte, non de justice rigoureuse, mais d'équité et de bienfaisance à exercer.

Tel sans doute n'était pas l'espoir de ces malheureux émigrés, qui, n'ayant pu l'obtenir de cette singulière espèce de contre-révolutionnaires, étaient bien éloignés de l'attendre des nouveaux administrateurs, tous restés invariablement fidèles à la cause de nos libertés; administrateurs qui n'avaient point dressé les premières listes d'émigrés en 1792. Ces listes sont l'ouvrage de ces mêmes hommes qu'on voit aujourd'hui si vivement s'apitoyer sur le sort de ces émigrés, après les avoir proscrits et dépouillés en les y inscrivant, n'ayant dans aucun temps voulu les en éliminer, lorsque, successivement rentrés au pouvoir, ils manifestaient hautement l'intention de mettre un terme à la révolution.

Quoi qu'il en soit, nous avons exécuté ce qu'ils n'avaient ou voulu ou osé faire. Tout Français, sans égard aux opinions politiques qu'il avait pu professer, n'a jamais vainement réclamé notre bienveillance, dès que nous avons pu croire que, par l'obtention de cette faveur, la sûreté de l'Etat, le maintien de l'ordre, de la tranquillité publique comme celui de nos libertés, ne pouvaient recevoir aucune atteinte sérieuse; il est temps de revenir aux réclamans.

Le spectacle douloureux et affligeant que présentait cette classe d'émigrés, sortis de France avant la chute du trône, dans laquelle on voyait des vieillards accablés par l'âge et les infirmités, des femmes courageuses et fidèles qui n'avaient pu hésiter à partager les maux et périls de l'émigration en suivant leurs maris à l'étranger ; tous contraints, après un long et pénible exil, à quitter de nouveau cette belle France, de laquelle l'honneur, aujourd'hui seulement, suivant eux, toujours des périls trop certains, suivant nous, les avaient long-temps séparés, et réduits une seconde fois à la cruelle nécessité de fatiguer la pitié stérile de l'étranger, du spectacle importun de leur misère, et tendre une main suppliante aux dons humilians des plus anciens et des plus irréconciliables ennemis de la France.

Ce spectacle déchirant fit taire dans nos cœurs la voix d'un ressentiment peut-être assez légitime, diminua, si elle n'effaça entièrement, les préventions du moins bien fondées, et que des événemens postérieurs n'ont que trop justifiées. Maîtres de la vie, de la fortune de ces émigrés, nous avons tout protégé, tout conservé. Loin de nous occuper des dangers personnels dont nous étions entourés, nous les avons bravés avec constance et courage, pour nous livrer exclusivement à la cause sacrée du malheur ; y avoir réussi est la seule récompense que nous ayons ambitionnée : *Rectè facti, fecisse merces est.* L'un des administrateurs, à l'insçu de ses collègues, conçut l'idée de supprimer l'ancien registre du district et d'en faire dresser un nouveau. La Providence, voulant sans doute faciliter l'exécution de ce projet salutaire, permit :

1°. Que les réclamations, au lieu d'être inscrites sur le registre général des délibérations du district (ce qui avait été pratiqué dans tous les autres districts du département), l'eussent été dans un registre particulier ;

2°. Que feu le sieur Viadieu, commis à sa rédaction et tenue, restât employé au bureau des émigrés du département dont nous étions spécialement chargés ; que cet employé, aussi probe qu'intelligent, duquel on avait chaudement sollicité le renvoi à raison de ses prétendues opinions politiques, ne dût la conservation de son emploi qu'à l'intérêt soutenu que nous avions témoigné prendre à ce qu'il fût conservé.

Les sieurs S..... L..... , anciens administrateurs du district N... P... S..., signèrent avec empressement à ce nouveau registre. Le sieur F.... Pt. opposa d'abord quelques motifs ou scrupules d'une conscience timorée, qui n'étaient, au vrai, que la crainte de se compromettre. Cependant, nous devons à la vérité de déclarer qu'il ne fut ni long ni pénible de les vaincre, ces scrupules, et que sa signature fut obtenue, d'après l'assurance formelle qui lui fut donnée, que le secret le plus inviolable serait gardé sur cette opération. Si elle ne fut point portée à la connaissance de tous les administrateurs, ce ne fut dans la crainte qu'elle ne reçût leur assentiment; mais la moindre indiscrétion aurait gravement compromis autant le sort de ces émigrés que celui de l'administrateur qui dirigea cette opération, et des signataires au nouveau registre qui reçut, non-seulement les réclamations qui avaient été insérées dans l'ancien, mais encore celle des émigrés rentrés en France après sa clôture, et par conséquent dans l'impossibilité d'en former à l'avenir. Radiation provisoire de tous ces émigrés, et envoi en jouissance de leurs biens.

Arrêté solennel qui reconnaît tous les légitimaires créanciers en cette qualité des émigrés, coportionnaires de leurs biens; ordonne, en conséquence, qu'il leur en sera fait désemparation jusqu'à due concurrence du montant de leurs créances. Il est inutile d'observer qu'en leur accordant cette insigne faveur, l'administration n'eut en vue que de soustraire ces biens à la vente nationale; aussi approuva-t-elle, sans examen, toute fixation de droits légitimaires, quelque excessive qu'elle pût être ainsi que toute évaluation donnée aux biens désemparés quelque modique qu'elle fût : de telle sorte qu'il n'y eut aucun légitimaire qui n'épuisât entièrement, en acquit de ses droits, la masse héréditaire la plus importante.

Si la faculté d'être payé en biens fut accordée à tout légitimaire, les femmes ne l'ont obtenue, pour la restitution de leurs dots, que sur décision particulière. La justice, que l'équité peut bien suppléer, mais ne saurait entièrement remplacer, autant que l'intérêt des émigrés et de leurs familles restées en France commandaient cette exception, avec d'autant plus de raison que, d'après les dispositions du droit écrit et de nos anciens statuts, la femme, simple créancière de son mari pour une dot stipulée en numéraire, n'étant autorisée à reprendre en nature, après la dissolution du mariage, que les immeubles déclarés dotaux et par suite inaliénables, sauf clause contraire, aurait, par l'exécution d'un arrêté de désemparation, saisi une portion des biens propres au légitimaire, comme coportionnaire de ceux d'un émigré, cumulativement débiteur de la légitime et de la dot : donc la justice avoue cette exception. Nous ajoutons que l'intérêt des émigrés la commande ; en effet, les créances légitimaires, provenant du chef d'un ascendant en ligne directe, sont toujours antérieures en droit à celles de la femme sur les biens du mari, pour fixer la nature de ces droits et l'ordre dans lequel ils devaient être exercés. Il était indispensable de rappeler, dans les motifs des arrêtés, la législation ancienne ou moderne qui les consacrait, législation si expressément abrogée par celle qui établit le mode de payement des créanciers des émigrés *à quel titre que ce puisse être*, et les déclare, sans exception, *créanciers de l'Etat*. Admettons deux arrêtés de désemparation des biens insuffisans pour payer en même temps légitime et dot, l'une au profit du légitimaire, l'autre d'une femme d'émigré, arrêtés qui n'ont pu établir aucune espèce de préférence entre ces deux créanciers, il est évident que, si le légitimaire fait valoir la priorité de son titre, elle sera contestée par la femme, sur le motif que l'administration n'ayant considéré les demandeurs en désemparation que comme de simples créanciers d'émigrés, sans établir aucune priorité de droit, ils sont censés être reconnus égaux; que la nation ayant pris à sa charge le payement intégral des dettes des émigrés, la faculté accordée par l'administration aux créanciers d'être payés en biens fonds, peut tout au plus donner lieu à un partage par voie de contribution. N'était-il pas à craindre que le conflit d'intérêt n'amenât un débat judiciaire sur l'origine et la nature des prétentions respectives? Question que l'administration, dans sa sagesse, n'avait pas cru devoir aborder. L'indispensable nécessité de ce débat n'aurait-il pas eu le dangereux résultat de donner l'éveil au gouvernement sur ce mode extraordinaire de payement en faveur d'une seule classe de créanciers d'émigrés; de nécessiter l'annulation de tous les arrêtés rendus en pareille matière; de le forcer à sévir contre une administration journellement dénoncée à ses ministres, comme protectrice des émigrés et de leurs familles? Pour être convaincu de l'existence de ces dénonciations, qu'on prenne la peine de consulter les registres de l'intérieur et de la police, et surtout les motifs qui ont dicté le remplacement du commissaire central des Bouches-du-Rhône, en fructidor an 7.

Tous les anciens chevaliers de l'ordre de Malte qui se trouvaient dans cette île avant la promulgation de la première loi sur les émigrés; les fils de famille sortis de France pour faire ou achever leur éducation, avant d'avoir atteint leur quatorziéme année; les négocians pour faits de commerce; les ouvriers pour exercer leur art ou industrie, ne sont pas radiés de la liste des émigrés. C'eût été reconnaître qu'ils y étaient régulièrement inscrits. Il fallait, dans cette hypothèse, les soumettre à produire des certificats de résidence; formalité inutile et vexatoire, puisqu'il était reconnu que, sur motifs légitimes, ils étaient autorisés à quitter le sol français. L'administration déclara simplement que, n'ayant pas dû être portés sur les listes des prévenus d'émigration, ils ne pouvaient être réputés émigrés; ce ne fut point, au reste, un acte de faveur qu'ont obtenu ces individus. L'administration, en les réintégrant dans tous leurs droits civils et politiques, ne fit que réparer les erreurs funestes que le désordre dans l'administration, inséparable des événemens désastreux qui avaient désolé ce malheureux département, avait sans doute fait commettre.

Déclaration qu'une inscription, en nom collectif *un tel et sa famille*, ne peut être appliquée qu'au chef seul de cette famille; qu'une simple omission dans les nom ou prénoms d'un individu, que toute mention non exactement littérale de ses nom et prénoms suffisent pour faire prononcer l'annulation de l'inscription.

Emigration postérieure au 31 *mai* 1793.

Arrêté réglementaire pour cette classe d'émigrés, rendu, autant qu'il nous est permis d'en être mémoratifs, sur la pétition d'un ancien greffier du tribunal criminel. Cet arrêté consacre le principe que tout prévenu d'émigration, porté nominativement sur la liste comme *mis hors la loi*, n'est point émigré, et conséquemment est dispensé de justifier de sa résidence en France; décision basée sur l'impérieuse nécessité que l'excessive sévérité des lois lui imposait de passer à l'étranger, ou de céler avec le plus grand soin sa présence sur le sol français, puisque connue qu'elle eût été, cette présence, et ce mis hors la loi, présenté aux tribunaux, son identité seule constatée imposait aux magistrats l'obligation rigoureuse de lui appliquer la peine capitale, principe d'humanité et de tolérance politique qu'il eût été si doux et si consolant pour l'administration de pouvoir appliquer aux émigrés antérieurs au 31 mai 1793, bien autrement favorable que ceux qui furent postérieurement inscrits sur la liste.

Si les premiers furent momentanément mis hors la loi, les derniers n'ont cessé de l'être ; si les uns ont su quelquefois trouver grâce auprès des tribunaux criminels en faveur et considération de leur ancien patriotisme, les autres furent toujours impitoyablement condamnés. Si les émigrés de 1792 furent victimes d'une révolution que leurs démarches inconsidérées et une opposition aussi vaine que peu réfléchie aux volontés du monarque, ainsi qu'aux vœux généralement exprimés de ses peuples, ont rendus si terrible, du moins ils ne s'étaient point, jusqu'à cette époque, amendés ni démentis dans leur résistance courageuse à toute innovation dans l'Etat. Ennemis déclarés de la révolution, ils n'avaient point transigé avec elle. Si le peuple reconnaissait en eux les adversaires les plus ardens de ses libertés, il ne pouvait sans injustice méconnaître que, si les abus de l'ancien régime étaient susceptibles d'être défendus, il ne pouvait avoir de plus nobles et de plus éloquens défenseurs ; tandis que les émigrés du 31 mai (nous n'entendons parler que des premiers et principaux moteurs des mouvemens insurrectionnels qui ont suivi cette déplorable journée, des auteurs et provocateurs des horribles excès qui ont nécessité celle du 13 vendémiaire an 4) furent jadis, et les temps n'étaient pas encore assez reculés pour qu'il fût possible d'en perdre la mémoire, les plus chauds partisans, les propagateurs les plus déhontés des principes révolutionnaires. Ils avaient autorisé, sinon par leur coopération, du moins par leur criminelle tolérance, tous les attentats, tous les crimes qui ont souillé les premiers jours de la révolution. Administrateurs, ils ne les avaient ni prévus ni réprimés ; magistrats, ils avaient volontairement négligé de les poursuivre, et d'en châtier les auteurs et les complices. Ces chants nationaux qu'enfanta le délire de la liberté ne blessaient point alors leurs oreilles, aujourd'hui si chastes, si délicates. Plusieurs des principaux et malhabiles directeurs de ces insurrections partielles, aussi maladroitement conçues que lâchement exécutées, n'avaient, dans des temps précédens de trouble et de désolation, dû leur élection aux premières fonctions publiques qu'au plaisir indicible qu'ils témoignaient à les entendre, si toutefois ils ne poussaient leur bénévole complaisance jusqu'à les entonner en chorus avec ces illustres descendans des Phocéens, dispensateurs suprêmes des réputations et des récompenses patriotiques.

Cet arrêté réglémentaire ne put recevoir la sanction du gouvernement. Ce refus, le seul que l'administration eût éprouvé pendant toute la durée de ses fonctions, nous rendit moins sensible le regret de n'avoir pu rendre une décision conforme en faveur des émigrés de 1792. Ce n'est donc nullement notre faute si ceux de 1793, dont les plus marquans n'avaient point négligé de se pourvoir d'arrêtés de radiation définitive, sans trop s'occuper des malheureuses victimes de leur folle présomption, furent forcés d'essuyer les retards, de souffrir les sacrifices obligés qu'ont nécessité leur radiation de la liste générale. Quoique nous nous soyons imposé la loi de n'avancer aucune espèce de personnalité, nous ne saurions passer sous silence les paroles d'un émigré du 31 mai, sollicitant personnellement sa radiation : Je vous prie, citoyens administrateurs, *de ne pas me confondre avec les premiers émigrés qui ne sont sortis de France que pour porter les armes contre leur patrie*. Ce pétitionnaire était un des principaux meneurs du comité vraiment français qui livra ou vendit la ville de Toulon aux Anglais. Il s'était distingué par des motions incendiaires dans les sections, et n'avait point été le dernier à prendre la fuite, lorsqu'on vit dans la plaine d'Orange 12,000 gardes départementales, précédées et suivies d'une artillerie formidable, jeter leurs armes, abandonner leurs drapeaux et leurs chefs à l'approche de 300 hommes de Bourgogne, et de 200 Allobroges de nouvelle levée, aux ordres d'un général à peine entré dans la carrière du commandement.

Nous ne saurions terminer cette première partie de notre exposé, sans rappeler que MM. Ripet, directeur; Pison, inspecteur, et Courren, receveur des domaines nationaux, n'ont, dans aucun temps, élevé la moindre réclamation, opposé le moindre obstacle, apporté le moindre retard à la rémission aux émigrés, ainsi qu'à leurs parens, des biens retirés des mains de la nation en force de nos arrêtés. Une pareille conduite devrait sans contredit imposer à ces émigrés le devoir d'avouer qu'ils ont constamment trouvé auprès d'eux ce que l'on trouve si rarement auprès des agens du fisc, justice, équité, bienfaisance et désintéressement.

Législation postérieure au 19 fructidor an 5.

Les émigrés du 31 mai, momentanément appelés à l'administration départementale avant cette fatale journée, n'avaient été ni plus habiles à remplir leurs fonctions, ni plus réservés dans leur système de persécution contre les hommes de la révolution, déjà si cruellement décimés par leurs anciens précepteurs. Ils la délaissèrent pour la troisième fois, cette administration, après avoir gravement compromis non-seulement le sort de leurs anciens compagnons d'infortune, mais encore celui des émigrés de 1792, qui, à coup sûr, ne les avait jamais grandement intéressés. Les principaux de ces émigrés, hommes de grand sens, dont la situation de la France, toujours mal connue de l'étranger, avait pu fourvoyer le jugement, s'empressèrent de le rectifier. Ils furent convaincus que, si la révolution pouvait être vaincue, cette tâche aussi pénible que périlleuse ne pouvait être remplie par une poignée de séditieux, anciens et nouveaux artisans de toutes nos discordes civiles. Que le parti des Bourbons, qu'ils n'avaient embrassé qu'en désespoir de cause, d'après le refus formel de l'amiral anglais, à la première demande des députés de Toulon, d'occuper cette ville, si elle ne rentrait immédiatement dans l'obéissance du Roi, ne pouvait consentir à reconnaître ses vrais amis, ses dignes défenseurs dans un ramassis de voleurs de grande route, de lâches et féroces assassins. Il est faux, souverainement faux, que quelque franchement, invariablement royaliste que fût constamment l'opinion de ces émigrés, ils aient jamais approuvé, moins encore excité ou soudoyé ces infâmes brigandages. Dans quelque circonstance difficile et périlleuse que puisse se trouver un honnête homme, l'honneur, qui lui sert de guide, ne permet aucune transaction avec le crime, telles que soient son opinion et sa conduite dans le cours d'une longue et si pénible révolution : y persister, non par un fol entêtement, mais avec l'intime conviction d'être dans la bonne voie, mérite des éloges ; défendre cette opinion avec constance et courage, pour en assurer le triomphe, c'est commander l'estime et l'admiration publiques. Comment la refuser à l'intrépide Lyonnais, bravant sur ces murs foudroyés, avec les horreurs de la famine, l'implacable courroux d'une convention armée de toute la puissance colossale d'un grand peuple inquiet à l'excès, autant sur la conservation de ses libertés menacées, que sur sa noble indépendance politique, en corps de nation, et l'intégrité de son territoire qu'il craint, avec toute raison, de voir violer et détruire, si le trop fameux traité du Pilnikts reçoit son exécution? Dans sa terrible colère, il se lève en masse, vole aux armes, court à l'ennemi, ne renverse le trône antique de ses maîtres qu'avec l'intime conviction de ne recevoir, de l'auguste munificence de l'étranger vainqueur, qu'un Roi de Paris ou de Soissons.

La loi rendue le 19 fructidor remettait en vigueur la législation des émigrés, postérieure au 13 vendémiaire an 4 : singulièrement adoucie, si elle ne fut entièrement abrogée par la seconde de nos assemblées législatives, cette loi n'ordonnait pas expressément que le séquestre national fût réapposé sur les biens des émigrés provisoirement radiés de la liste ; mais une lettre du ministre des finances, explicative ou plutôt interprétative de ses dispositions, prescrivit cette mesure, sur le motif que tout émigré non rayé définitivement, étant tenu d'évacuer le territoire de la république, il importait à la conservation de ses biens que la régie en fût confiée à l'administration des domaines. Celle du département dut obéir : dans tous les temps elle plaça au premier rang de ses devoirs celui d'exécuter ponctuellement et sans délai les ordres ministériels, convaincue que, sans cette obéissance passive, l'embarras, le désordre et souvent l'anarchie, en détruisant la hiérarchie sagement établie parmi les autorités constituées, entravent ou arrêtent la marche du gouvernement; que la responsabilité d'un agent secondaire de l'autorité supérieure ne saurait lui être opposée, quand il n'a fait qu'exécuter les ordres de cette autorité, seule, dans ce cas, responsable envers le souverain, dont elle exerce, par délégation, le suprême pouvoir.

La rigueur de cette loi, quant aux biens, ne reçut aucune modification pendant toute la durée du gouvernement directorial : dans l'impossibilité d'en violer les dispositions, l'administration se borna à les éluder.

Quant aux personnes, le ministre de la police ne tarda pas à accorder des mises en surveillance aux prévenus d'émigration, non définitivement radiés; il délégua postérieurement aux administrations centrales la faculté de les délivrer. Ces surveillances furent obtenues avec la même facilité que l'avaient été les radiations provisoires. Tous les émigrés n'avaient pu ou plutôt voulu consentir à former des réclamations contre l'insertion de leurs noms sur la liste. Nous parlons des émigrés antérieurs au 31 mai. Cette négligence ou ce reste d'humeur contre la révolution, laissait, entre les mains du fisc, une partie assez importante de leurs biens, qu'on ne pouvait désemparer à leur famille, en payement des dots et des légitimes dont ils n'étaient point grevés. Jusqu'alors il avait été impossible d'en retarder l'aliénation. L'adresse et la publication des affiches qui devaient l'annoncer, les délais à observer du jour de leur apposition à celui de l'ouverture des enchères publiques, des cahiers des charges à rédiger, dans le cas où l'utilité publique réclamait le morcellement partiel ou la servitude de la propriété mise en vente, entraînaient toujours des retards utiles à l'émigré; mais un nouveau mode, plus simple et plus expéditif d'aliénation avait été décrété : c'était celui par voie de soumission, qui réduisit l'administration à un rôle à peu près passif, et lui enleva la faculté d'ajourner la mise en vente de ces biens. Par cette nouvelle disposition de la loi, le secrétaire général restait exclusivement chargé de recevoir les soumissions, qui, toujours régulières dans leur forme, entraînaient la nécessité, sur leur présentation, de délivrer sans délai l'immeuble soumissionné.

Elle fut donc contrainte, l'administration, à mettre des bornes à ses faveurs; mais elle donna constamment, en cas de concours de soumission, la préférence aux parens ou ayans cause des émigrés, sur les étrangers. Ce n'est pas, toutefois, que le sieur Courren n'ait fréquemment, sur notre invitation, porté à une date plus utile le payement du quart de la valeur des biens fait par un représentant d'émigrés : transposition indispensable pour assurer à ce représentant une priorité de droit à la délivrance; transposition faite sur notre invitation, et notamment lors de la vente du domaine de Valbonette.

Hélas! un sacrifice bien pénible nous était réservé : c'était celui d'être forcés à sanctionner celle de la terre du Grand Castellet; de voir dépouiller du patrimoine de ses nobles ancêtres, un des plus fidèles serviteurs de la monarchie constitutionnelle, l'un des plus illustres défenseurs de nos libertés dans l'immortelle assemblée constituante. Notre respect, notre éternelle reconnaissance, celle de nos enfans, de nos arrières-neveux, envers cette auguste réunion de tout ce que la France possédait en rares et précieux talens, en héroïsme et en patriotisme, eussent créé une exception quelconque en faveur du généreux proscrit, si une lettre du ministre des finances, vivement sollicitée pour applanir toutes difficultés, soulever tout obstacle, de la part de l'administration, à cette vente, ne lui eût expressément enjoint de la consentir en faveur de deux porteurs de cédules délivrées à des négocians de Cadix, en payement d'une fourniture de grains faite au gouvernement français.

Ce fut par les mêmes motifs de reconnaissance envers tous les députés à l'assemblée nationale, et sans égard à la différence des opinions politiques que chacun d'eux avait professées, que l'administration ajourna constamment la vente du domaine de Saint-Veran, appartenant à M. de Mont-Calm, député de la noblesse de Rouergue, siégeant au côté droit. Ce domaine ayant été particulièrement soumissionné par le sieur Châbrier père, de Tarascon, ce soumissionnaire fut déclaré déchu sur notre ordre, plutôt que sur les dispositions torturées de la loi.

L'administration n'a jamais considéré nos députés, aux derniers états généraux, comme de véritables émigrés; elle n'a voulu voir en eux que d'illustres proscrits, forcés à regret de quitter le sol sacré de la patrie, pour épargner à la révolution d'avoir quelques grands torts de plus à se reprocher.

Il est bon d'observer que MM. Deliancourt et de Mont-Calm, les plus forts propriétaires de l'arrondissement de Tarascon, n'ont point été portés sur la liste générale, d'après la dénonciation des autorités constituées des Bouches-du-Rhône; ils n'ont jamais figuré sur celle des prévenus d'émigration, arrêtée par le directoire du district de Tarascon en 1792. Plût au Ciel que son arrondissement les eût comptés au nombre de ses habitans domiciliés. Leurs noms n'auraient jamais été inscrits sur la liste fatale. Leur digne collègue, M. de Servan, quoique sorti de France en 1790, n'a été dans aucun temps considéré comme prévenu seulement d'émigration.

La loi de floréal an 7, qui ordonna aux ascendans d'émigrés le partage de leurs biens avec la nation, fut exécutée avec une telle surabondance de faveur, que l'administration approuva, sans examen, toutes les déclarations qui furent faites par ces ascendans, comme elle adopta de confiance tout arrêté de partage qu'ils avaient eux-même adressé ou fait dresser par leur conseil.

Police générale.

L'administration, quoiqu'itérativement requise par les capitaines rapporteurs des commissions militaires, a toujours mis une sage lenteur dans l'envoi des certificats d'inscription sur la liste générale, qui pouvait seule constater l'identité des prévenus d'émigration traduits pardevant ces commissions, et notamment dans l'affaire du sieur de B...., d'Arles, détenu dans les prisons de Montpellier. L'administration ébranlée, et voyant sa responsabilité compromise auprès du ministre de la police, instruit du retard de l'envoi de ce certificat, avait cru devoir le délivrer; mais il ne pouvait être validé sans être revêtu de la signature du commissaire central. Il fut retenu par ce fonctionnaire, et ne fut adressé au capitaine rapporteur qu'après que le sieur de B.... eut trouvé moyen de s'évader des prisons. Il n'est point à notre connaissance qu'un individu ait été condamné comme émigré pendant notre administration.

Les ministres du culte catholique sermentés ou insermentés, réfractaires ou rétractaires, n'ont été, dans aucun temps, troublés dans l'exercice de leur saint ministère. Jamais les agens de l'autorité publique n'ont pénétré dans les oratoires particuliers affectés aux cérémonies du culte dissident. L'administration a blâmé, mais n'a pu se décider à sévir contre quelques prêtres qui, par des discours et des actes ostensibles, ne tendaient à rien moins qu'à troubler l'ordre et la tranquillité publique, en provoquant la désobéissance aux lois et aux ordres du gouvernement de la république, au mépris du serment qu'ils avaient prêté entre nos mains de haïr la *royauté* et *l'anarchie*.

Lors de l'exécution de la loi relative aux agens de l'Angleterre, l'administration municipale d'Aix se distingua (comme elle avait coutume de faire dans celle de toutes les mesures d'exception) par un zèle fort ardent, rarement circonscrit dans les bornes d'une sage et ferme modération; elle fit incarcérer les citoyens les plus notables, généralement estimés par une conduite constamment mesurée dans la révolution. L'administration départementale, pouvoir supérieur, pouvait bien réparer ces injustices, fruit des plus étranges abus et excès d'autorité, en rendant les détenus à la liberté. C'est aussi ce qu'elle se hâta de faire; mais elle ne pouvait ni prévoir ni arrêter l'exécution trop rigoureuse de la loi confiée en premier ressort à l'administration municipale. Tous les individus arrêtés furent élargis. Si le sieur Isnardon, prêtre, le fut plus tard par le directeur du jury, juge bien incompétent en pareille matière, l'administration, qui ne réclama point contre cette décision, l'aurait plus légalement rendue. Elle devait l'ajourner en voyant un essaim de femmes encombrer les avenues du lieu de ses séances, alors qu'elle délibérait sur cette affaire, et penser gravement la compromettre, en lui offrant des couronnes civiques, se livrant, par excès d'un zèle peu réfléchi, à des démonstrations d'une joie extravagante, transports qu'on devait retenir, parce que, tout en approuvant la légitimité des motifs qui les provoquait, on ne pouvait se dispenser d'en blâmer l'explosion publique.

Avant de terminer cet exposé, qu'il me soit permis de faire connaître l'excellence et la solidité des opinions, l'assiduité constante à leurs devoirs des employés supérieurs de l'administration, toujours empressés d'accueillir, avec tous les égards dus au malheur, les pétitions des infortunés, exacts à les soumettre à notre examen. Empressés d'expédier les décisions, rarement défavorables, ils se sont constamment montrés dignes de la protection que nous n'avons cessé de leur accorder, de la chaleur d'intérêt avec laquelle nous les avons défendus, alors que chaque jour, chaque instant il fallait combattre les prétentions déplacées, inconvenantes des prétendans à leur emploi, fiers de prétendus services rendus à la révolution, qui n'étaient, au vrai, que les excès qui l'ont déshonorée; heureux d'être parvenus à conserver à l'administration des employés aussi éclairés que laborieux, des pères de famille que la perte de leur état aurait réduits à la misère.

Tout homme qui aura connu la part active, je dirai presqu'exclusive, que Marseille a prise à tous les mouvemens révolutionnaires du Midi (à Dieu ne plaise que nous entendions adresser des reproches à ce sujet à la majorité de ses habitans, là, comme ailleurs, involontairement entraînés par des circonstances extraordinaires!) sera certainement étonné qu'elle pût permettre qu'un meilleur ordre de choses vînt remplacer la tourmente révolutionnaire; que le règne de la justice, après tant de malheurs et de proscriptions, s'élevât sur les débris sanglans de l'arbitraire le plus monstrueux. Deux raisons majeures retinrent dans leurs murs ces éternels agitateurs, ces oppresseurs barbares de toutes les communes du département: la première était qu'elle avait heureusement perdu son influence dans l'administration centrale, où elle ne figurait plus en majorité; que, particulièrement, le commissaire central n'avait point été pris dans son sein. La deuxième, que les communes affranchies de son joug odieux, avaient enfin reconnu que c'était autant à son influence prépondérante dans l'administration supérieure, qu'à l'envoi de ses commissaires et de sa force armée sur tous les points du département, qu'on devait attribuer les horribles excès dont ils furent les plus ardens provocateurs, alors qu'ils n'en étaient les plus lâches et les plus sanguinaires exécuteurs.

Quelques jours avant que s'effectuât la séparation des administrateurs du département nommés en l'an 4, le président de l'administration, cédant à des suggestions perfides contre lesquelles nous avions vainement tenté de le prémunir, ne craignit point de proposer la vocation des Marseillais à Aix. A peine cette proposition était émise, que nous fîmes entendre ces paroles : « Si les Marseillais sortent des limites de leur commune, je souleverai contre eux toutes celles du département, et je marcherai à leur t ête. »

Miserabilis civita quæ vult bellum, dum capit pacem.

Habitans de la ville d'Aix, c'est à vous de dire si j'aurais tenu parole.

L'administration qui accorda à tant de malheureux, atteints par les lois révolutionnaires, une protection constante et des faveurs inouïes, ne vient réclamer ni la réciprocité de cette protection, ni exciter la reconnaissance de ceux qui en ont ressenti les salutaires effets. Toujours assez généreuse pour faire grâce, on ne la vit, et certes on ne la verra jamais s'abaisser à la demander. Cet exposé est uniquement destiné à démontrer, 1°. que les horribles massacres qui précédèrent, dans le Midi, le 13 vendémiaire an 4, ne furent point suivis des plus terribles représailles; 2°. que le gouvernement directorial, ou ses agens, n'y ont point dévoré les tristes débris des confiscations révolutionnaires.

Et voilà justement comme on écrit l'histoire.

Armés des plus redoutables lois d'exception (puisqu'alors, comme aujourd'hui, il existait un acte constitutionnel), nous avions sans cesse présente à notre mémoire cette maxime du droit public :

« Les lois se corrigent, sinon par d'autres lois, du moins par la sagesse de ceux qui les exécutent. » Le publiciste éclairé qui proclama cette vérité si rassurante pour tous les citoyens frappés par les lois d'exception, moins oppressives par l'arbitraire qui dicte leurs dispositions, que par celui qui détermine ordinairement leur application, était sans doute loin de penser qu'elle avait été mise en pratique dans des temps bien autrement difficiles que ceux où nous vivons; par des libéraux de vieille date, des anciens patriotes de 1789, toujours unis de cœur et d'intention à tous les intrépides défenseurs de nos libertés constitutionnelles.

Cet exposé de nos travaux administratifs embrasse tout l'espace du temps qui sépare le 13 vendémiaire an 4 du 18 brumaire an 8, moins quelques mois qui ont précédé le 18 fructidor an 5, et pendant lesquels l'administration du département fut de nouveau confiée aux mêmes émigrés de 1793, qui, dans leur précédent exercice, avaient donné des preuves si frappantes de leur tolérance pour des opinions politiques qu'ils avaient si long-temps professées.

Depuis le commencement de nos troubles civils jusqu'au 18 brumaire, la classe des émigrés de 1792, presque entièrement composée de prêtres et de nobles, constamment placée sous le joug des lois d'exception, n'avait pu figurer sur la scène politique. Elle y parut enfin; et, acceptant avec autant d'empressement que de reconnaissance l'amnistie que le premier consul daigna lui accorder, elle a avoué et reconnu expressément que cette émigration dont elle excipe aujourd'hui avec tant de véhémence, comme un titre à la faveur exclusive du gouvernement royal, était alors au moins un grave délit politique. Puisse-t-elle, éclairée par une longue et fatale expérience, ne jamais oublier les conditions auxquelles l'amnistie lui fut accordée, et fidèlement exécuter ces conditions si expressément renouvelées par la Charte constitutionnelle qui nous régit! Croirait-elle devoir moins de soumission et d'obéissance aux volontés de l'héritier de tant de Rois, qu'à celle d'un chef militaire porté par la victoire, et arraché par la défaite au premier trône du monde?

La contre-révolution est faite, a-t-on dit, du jour où le Roi est rentré en France. Il suit de cette assertion que les contre-révolutionnaires sont les seuls dignes de défendre la cause royale. Emigrés, amnistiés, anciens sujets de Napoléon, s'il est incontestable que c'est à la révolution que Bonaparte dut son élévation au rang suprême, étiez-vous contre-révolutionnaires sous son gouvernement, l'étiez-vous au moins redevenus quand les Bourbons ont revu la France en 1814.

Les droits que votre émigration avait pu vous transmettre à l'auguste bienveillance de Sa Majesté, l'acceptation de l'amnistie vous les avait enlevés.

Etiez-vous les défenseurs si fidèles de la légitimité, anciens émigrés, fonctionnaires publics en 1814, quand vous adhériez à ce trop fameux sénatus-consulte qui appela Louis-Stanislas-Xavier de Bourbon au trône de France, alors qu'au mépris de cette maxime de notre droit public, sauve-garde de ceux de l'auguste dynastie des Bourbons : *le Roi est mort, vive le Roi !* vous osiez proclamer que, par le fait seul du décès de son prédécesseur, Louis XVIII ne pouvait monter sur le trône de ses ancètres sans la vocation du sénat de Bonaparte ?

L'uniformité des votes émis à cette époque, autoriserait à croire que nulle part l'adhésion à cet acte du sénat ne fut contestée. Cependant, la mémoire fidèle de MM. les membres de la cour d'Aix, et l'exposé, en une pétition, présenté au ministre de la justice en décembre 1815, établiront que, dans l'assemblée générale des chambres réunies dans les premiers jours du mois d'avril 1814, pour délibérer sur cette adhésion, nous fîmes entendre ces paroles :

« L'acte qu'on nous présente est un attentat manifeste « autant aux droits sacrés imprescriptibles de la nation, « qu'à l'autorité souveraine indépendante du chef suprême « de l'Etat. Au milieu de nos funestes agitations poli- « tiques, un parti long-temps audacieux, entreprenant,

« intrépide, proclama la république. La force nationale « renversa le trône ; la ligue des rois le relève ; vainqueurs, « nous dictâmes des lois ; vaincus, il faut les subir. Mais « la révolution est finie et l'honneur français conservé, si « nous revenons franchement à cette maxime fondamentale et conservatrice de notre ancienne monarchie. Nos « Rois ne tiennent leur couronne que de Dieu et de leur « épée. Je demande que, loin d'adhérer à cet acte, la « cour arrête qu'une députation sera envoyée au Roi, « avec charge de déposer au pied de son trône le tribut « du profond respect, de la fidélité et de l'obéissance des « magistrats composant sa cour royale d'Aix. »

Cette opinion fit une vive impression sur tous les membres de la cour. M. Deforesta, seul, persista à la partager ; et cette cour, puissamment influencée par son premier président et le procureur général, ne put trouver dans son sein que deux magistrats fidèles aux vrais principes constitutifs de notre monarchie.

MAUCHE,

Membre du haut tiers, doyen des anciens administrateurs du département des Bouches-du-Rhône.

REX MARIA THERESIA,

IN CÆTUM HUNGARIÆ.

OMNIA coustanter superat discrimina robur,
Heroum rigide prolem furor hostilis urget,
Jam velox sequitur rapido vestigia cursu;
Augustis properè natum regina lacertis
Intulit, et tantum pretioso pondere præstans,
Nobilis Hungariæ cætum sacra Cæsaris uxor
Ingreditur. Populi blande festiva salutant
Jubila, mærores animoso pectore sævos
Concludit, Splendore nitet, vultuque sereno
Iste fluit roseo sermo memorandus ab ore:
« Hospitii, Proceres, fatis onerata nefandis
« Regum progenies vestrorum tecta requivit.
« Cordi dura meo! Caris odiose relictam
« Noscere me cogunt adversos bella parentes.
« Oh patriæ labes! Alieni Bavarus agmen
« Roborat, Silesis sitiens Prutensis ad arma
« Audenter currit, recti quoque lege remota,
« Æqua sient cunctis, ostendere facta conatur
« Ignibus ac ferro patrias immaniter ædes,
« Gallorum crudelis evellit ubique Caterva,
« Infelix que suis manibus lacerata cruentis,
« Mox prædatorum remanet Germania merces,
« Flamma vorax, prohen! genitoris lumina præbet
« Funeribus, mundum clauso impius eripit hostis
« Cæsaris exuvias tumulo; diademate nunquam
« Fædato cinget tantorum filia regum.

« Nostris occlusum venit cum sangune manat,
« Urbis et orbis ductorum insuperabile nomen.
« Sceptra tenere merens princeps vitam ante reponit
« Imperii decus, ignavi concedere nescit
« Fortunæ eventis, solio prolabente supremo
« Corruit impavidè missus de Numine tutor.
« Fatorum domitrix quod me jubet ardua virtus
« Exequar. Insontes adjuvat diva potestas.
« Amoris tantum populi secura flagrentis
« Quam vobis semper generosæ certa fidei
« Antiqua, Magnates, regni conventa resurgo
« Sacri solemnè firmata attendite verba
« Æternum numen promisso testis adesto
« Hungariæ libertates, et jura tuebor.
« Æs tonatat, hinnit equus, stridet miles, tuba clangit,
« Scintillat gladius, pugnæ dat glaria signum. »
Mortiferum robore furens cito belliger ensem
Detegit, horrendus rabidi quatit astra leonis
Rugitus, cauda ardescentes ferrea costas
Conterit, aula fremit, cælos terrasque trementes,
Cæsaris evecto tonitru fera vocibus implet
Aquila : magnanimus surgit simul undique clamor :
Moriamur pro Rege nostro Maria Theresia.

IMPRIMERIE DE GUIRAUDET, RUE SAINT-HONORÉ, No. 315.

www.ingramcontent.com/pod-product-compliance
Ingram Content Group UK Ltd.
Pitfield, Milton Keynes, MK11 3LW, UK
UKHW032030260826
14628UKWH00006B/2860